JN437800

용혜원의 고백

용혜원의 고백

초판 1쇄 2011년 10월 1일
초판 4쇄 2016년 12월 30일
지은이 용혜원
펴낸이 김영재
펴낸곳 책만드는집

주소 서울 마포구 양화로3길 99 4층 (04022)
전화 3142-1585·6
팩스 336-8908
전자우편 chaekjip@naver.com
출판등록 1994년 1월 13일 제10-927호

ISBN 978-89-7944-373-8 (03810)

용혜원의 고백

용혜원 시집

책만드는집

| 프롤로그 |

세월이 참 빠르게 흘러갑니다.

1986년 첫 시집 『한 그루의 나무를 아무도 숲이라 하지 않는다』를 출간한 이후 꾸준히 시집을 내어 제69번째 시집을 출간합니다.

오랜 세월 잊지 않고 함께해주신 독자들에게 온 마음을 다하여 머리 숙여 감사를 드립니다.

언제나 바쁘게 강의를 하러 전국을 다니면서도 가슴속에서 늘 타오르는 것은 삶을 사랑하며, 자연을 사랑하며, 사람들을 사랑하며, 가족을 사랑하며 시를 쓰고 싶은 열정입니다.

세상의 모든 것은 참으로 아름답고 살아가는 일에는 깊은 의미가 깃들어 있습니다.

이제는 모든 것이 소중해지고 모든 것이 아름다워 가슴에만 담아두기에는 너무나 소중한 것들이 많아 시 속에 담아봅니다.

세월이 흘러가도 남아 있는 삶 동안 가슴이 뜨겁도록 열정을 쏟아 시를 쓰겠습니다.

목숨이 다하는 날까지 늘 감사하며 살아가겠습니다.

—2011년 가을

용혜원

| 차례 |

Episode 2 떨림

Episode 3 기억

Episode 4 회상

Episode 1

끌림

마냥 좋아진다

자꾸만 좋아진다
이유 없이 조건 없이
순수하게 자꾸만 좋아진다

헤어지고 만나고
만나고 헤어지며
그리움을 촉진해놓았다

가만히 있어도 생각이 나고
다정함에 가슴이 벅차올라
마냥 좋아진다

사랑을 하자

시간이 모든 것을
남김없이 거두어 가기 전에
살아 있음에 행복을 느끼도록
기막히게 좋은 사랑을 하자

목숨을 간신히 부지하고 있을
안타까운 시간이 오기 전에
황홀함에 왈칵 눈물을
쏟아도 좋을 사랑을 하지

한순간에 황망하게
손에 쥐었던 것들이 사라지기 전에
서러운 가슴의 피멍울도 씻어내고
기분 좋게 사랑을 하자

살아온 만큼의 외로움의 껍질을 벗겨내고
감추어둔 속마음 풀어
통째로 툭 터놓고 못다 한 아쉬움이

끝나도록 사랑을 하자

우리 사랑을 나눕시다

눈물로도 풀지 못할 때
빈 바람만 불어와
외면했던 날들을 기억하기 싫다

참아도 참아도 되살아나는 걸 보면
어쩌면 그 모든 것이
사랑이었는지 모른다

무덤덤한 척 넘기며
속울음 울기보다
상처가 나더라도 만나면 된다

가슴 툭 터놓고
속 시원하게 말해볼까

복잡하게 얽힌 정도
한 가닥 한 가닥 풀다 보면
속정이 깊이 든다

아직도 익히지 못한 사랑
늘 서툴기만 하지만
사랑 한번 멋지게 합시다

참깨보다 고소한 사랑

인연을 만들기 어려운 세상에서
만날 수 있다는 것은
최고의 축복이기에
그냥 매달려 살고 싶다

그리움에 불이 붙어
미치도록 보고 싶다는 것도
최고의 행운이기에
사랑을 주어도 또 주어도 좋다

가슴에 고이는 사랑을
꽃피울 수 있다면
낡은 가방이 되어버린
삶 속에서도 최고의 낭만이다

모진 세월의 시련 말끔히 씻어내고
황혼을 같이할 수 있다는 것은
최고의 행복이기에

참깨보다 고소한 사랑을 하고 싶다

외로운 사람은

외로운 사람은
외로운 사람끼리 만나야
시린 가슴을 서로
따뜻하게 감싸줄 수 있다

가닿을 수 없는 외로움에 젖어
눈물 맛을 제대로 알아야
인생의 맛을 알 수 있다

사랑이 조금씩
눈을 뜨기 시작하면
밝은 웃음으로 행복해진다

착한 웃음, 선한 웃음으로
행복한 햇살을 쏘이기 시작할 때
절망에 깔려서 짓누르고 있던 슬픔조차
어디론가 사라져버린다

우리 영영 멀어지지 말고
견딜 만한 거리에서 살자

눈이 내리는 날

눈이 내린다
하얀 눈이 온 천지를 덮는다
한 가지 색깔이 펼쳐놓은
아름다움이 모든 색깔을 압도한다

창밖을 바라보다
유리창에 입김을 호호 불고
그대의 이름을 또렷이 적는다

하늘에서 눈이 내린다
그리움도 함께 내린다
온 땅에 눈이 내린다
보고픔이 함께 내린다

눈이 내리면
온 세상이 축복을 받은 듯
눈앞에 펼쳐지는 모든 것이
신선하고 아름답다

눈이 내리면

그대가 더 보고 싶다

너밖에 없다

나는 늘 저 들판에
홀로 서 있는 한 그루 나무처럼
기다림으로 서 있다

우리의 운명적인 만남이
전설이 되어도 좋다

늘 완성되지 않은 사랑이기에
더 사랑하고 싶다
외로움을 견디고 나면
더 성숙해질 것이다

함몰되어가는 시간 속에
너를 만나고 난 후에는
길을 잃어버렸으면 좋겠다

서러운 시간들이 길어지지 않고
기쁨의 시간이 많아질 것이다

내 마음으로 들어오는 것을
허락할 수 있는 사람은
너밖에 없다

내 안에 살고 있는 너

그리움의
높낮이를 알 수 없어
오랫동안 방황했다

귓전에 맴도는 이름
눈앞에 아른거리는 얼굴
두 눈을 감고도 보이는 모습

헤어지고 만나고
헤어지고 다시 만나며
가슴 졸이는
기쁨 속에 정이 깊이 들었다

손에 잡은 듯
마음에 담아놓은 듯
다정한 흔들림에
가슴이 마구 떨렸다

목멘 그리움 속에

내 안에 살고 있는

너를 어떻게 할까

1월

1월은
가장 깨끗하게 찾아온다

새로운 시작으로
꿈이 생기고
왠지 좋은 일이 있을 것만 같다

올해는
어떤 일이 일어날까
어떤 사람들을 만날까
기대감이 많아진다

올해는
흐르는 강물처럼 살고 싶다
올해는
태양처럼 열정적으로 살고 싶다

올해는

먹구름이 몰려와
비도 종종 내리지만
햇살이 가득한 날들이 많을 것이다

올해는
일한 기쁨이 수북하게 쌓이고
사랑이란 별 하나
가슴에 떨어졌으면 좋겠다

가득 채워지는 사랑

늘 헐레벌떡 살아가는
서글픔에 푸른 멍이 들어
애간장이 바짝바짝 탄다

어지럽히는 꿈에 시달려
편두통에 걸린 마음에
행복한 햇살 한 줌
넣어주고 싶다

그리움을 졸졸 풀어놓으면
뒷자락에 항상 남아 있는 것은
"보고 싶다"는 말이다

내 가슴에 진홍빛
물들어오면
순수한 그대로 맞아들이고 싶다

빈틈없이 가득 채워지는

사랑을 언제나 느낄 수 있을까

기다릴 수 있다는 것은

내 마음에
얼굴 하나 그려지고
이름 하나 떠오르면
그리움이 시작된다

질기고 아픈 세월 동안에도
너를 생각하고 기억하고
사랑하며 기다릴 수 있는 것은
미련이 남아 있기 때문이다

가슴속에서 꺼내놓은 그리움
사랑의 꽃잎처럼
다시 돋아난다면 얼마나 좋을까

텅 빈 가슴에
그리움이 몰려와 자꾸만 쌓이는데
네가 떠나고 없는 길목에서
뒤얽힌 설움에 가슴이 저려

외롭게 서 있다

기다리다 그립게 만날 수 있다면
기다리는 아픔에
눈물을 흘려도 좋다

외줄 타는 사랑

뿌리내리지 못해
늘 위태로웠다

가끔씩
뒤돌아보아도
다시 보고 싶어
발돋움해보았다

꺼질 듯 안타까워
발 시린 계절에
시련이 몰려와
온몸이 시려 한이 맺힌다

고달픔 속에
아쉬움 속에 늘 아물거린다
웃어도 한이 없고
울어도 한이 없다

만나도 그립다
헤어져도 그립다

사랑은 늘 외줄을 타고 있다

그립고 또 그립다

그립고 또 그립다
허전한 마음에 눈물이 핑 돌고
가슴이 아릴 만큼 찔러 들어오는
그리움에 가슴이 아프다

아무런 기별도 없이
아무런 말도 없이
눈앞에서 사라져 떠나갔다

자꾸만 멀어져 가는데
외로움은 절실해
고독의 설움을 툭툭 털어버리고
나도 떠나고 싶다

너의 이름을 혀끝이 마르도록
입술을 오물거리며 불러보지만
무엇보다도 두려운 것은
다시는 만날 수 없다는 것이다

날마다 떠나지 않고 자꾸만 아른거려
같이 걷던 길에서
한참을 머뭇거리고 서성거렸는데
떠나버렸다

그립고 또 그립다
헤어짐이 없는 사랑이었으면
얼마나 좋을까
너의 얼굴이
눈물에 젖은 꽃으로 피어났다

사랑보다 슬픈 것

너를 보면 영락없이
빠져드는 것은 사랑 탓이다

너를 사랑하기에
기다림조차 다정한 이야기가 되고
슬픔조차 친구가 된다

입술을 깨물어도
슬픔은 쉽게 사라지지 않고
송송 아려오는 아픔도 사라지지 않는다

외로움을 타지 않는
사람이 어디에 있을까
외로우니
시가 쓰이고
노래가 불리고
그림이 그려진다

기다림이 있다면 행복이지만
사랑보다 더 슬픈 것은
만날 수 없다는 것이다

그리워하며 살았는데

눈앞에 아른거려
그리워하며 사는 재미가 있었는데
먼 기억 속으로
가물가물 멀어져 간다

세월이 흘러가고
여운마저 떠나가고
사랑의 흔적도 사라지기 시작한다

뜨겁게 타오르고
가슴이 떨리도록 설레었는데
아주 멀리 떠나가 버렸다

사랑의 마디를 뚝뚝 끊어놓고
떠난 줄도 모르고
혼자 사랑하고 있었다

살아온 날들의

추억으로만 남아 있는
삶의 모퉁이가 되고 말았다

네가 떠난 자리에는
고독만 가득하고
슬픔이 고개를 내밀고 다가오는데
내 가슴에 홀로 키워온
사랑을 어떻게 하나

정이란

내 마음에 웃자란
그리움을 흩뿌려 놓지 마라

패기 가득한 젊음
그만한 세월 다시 찾아올까

심장을 쑤셔대는 바람이
불어오면 칵 뱉어내고 싶다

갈 길을 못 찾아 돌아설 때는
잘못하면 어긋난다

모두 다 죽음을 남기고 떠나더라도
한동안 머물다 보면
정이란 드는 것이다

가슴이 흐르는 것이 사랑인데
손뼉을 쳐주고

정답게 이마를 맞대고

웃을 수 있어야 한다

나에게는 너뿐이다

가쁜 걸음으로 떠나가도
지우지 않고
끝내 남겨놓을 것이다

진득하게 기다려주면
안 될까
너만 있으면 기죽던 구석도 사라진다

마음의 밑창에 깔아놓은
정마저 가져가지 마라
나에게는 너뿐이다

혀끝에 맴도는
이름도 부르지 못한다
지금 내 귀에는
너의 목소리만 남아 있다

나에게는 너뿐이다

고동치는 숨소리를 들어보라
서로 마음 한 자락 펼쳐놓으면
얼마나 좋은가

평생 사랑해도 남아 있을 고독 탓에
나는 울었다
너의 사랑은 살포시 감기는 맛이 있다

Episode 2

떨림

곱게 익은 사랑

고마움에
눈물이 글썽거린다
즐거움에
마냥 뒹굴고 싶다

내 사랑은
아무런 구김 없이
웃음꽃이 활짝 피어야 한다

하루에도 몇 번씩 보고 싶어
안달이 난다
꿈같이 흘러가는 세월 따라
곱게 익었다

간간이 찾아오는
행복을 즐거워하며
잘 다듬어가고 싶다

그리움의 가지 끝에서

그리움의 가지 끝에서
움트는 사랑
잔정이 고스란히
녹아들면 얼마나 좋으냐

뾰족뾰족 돋아나는
그리움조차 뭉개버린
슬픔에 울먹이다가

얼마나 보고 싶었으면
짧은 졸음 속에
꿈을 꾸었을까

슬쩍 건드려놓고
훌쩍 달아나
마음만 파삭파삭
금 가버렸다

사라지는 만큼

고통이 더 커

기절이라도 하고 싶다

나를 불러주는 사람

까닭도 없이 이유도 없이 외로운 날
기적이라도 일어난 듯
보고 싶은 사람이
나를 불러준다면 얼마나 좋을까

숨이 막힐 듯 답답하던 생각지 않은 날에
곱게 피어나는 사랑을
나눌 시간이 있다면
행운이라도 잡은 듯 기쁠 것이다

목마른 그리움 탓에
엄청난 거리감을 느끼고 있는데
한순간 가까워질 수 있다면
마음의 짐을 풀어놓아도 좋다

내 눈동자에 내 마음에
사랑을 꽃피워 줄 사람이 나를 불러준다면
아무도 몰래 내 마음 꺼내

사랑을 고백하고 싶다

서로 토닥이고 다독여준다면
더도 말고 덜도 말고
추억을 한 아름 만들 수 있기에
후회는 전혀 없다

황홀해지고 싶은 날은

황홀해지고 싶은 날은
한없이 덧없이
절망으로 내몰려 얽히고 얽혀
늘 언저리만 맴돌며 살기 싫다

미치도록 그리워서 사랑하고픈 날은
아무도 없는 섬으로 달아나
시린 가슴의 허전함을 걷어내고
허리를 감아 꼭 안고
뜨겁게 달구어져서
전율을 느끼도록 포옹하고 싶다

깊어만 가는 어둠 속에서
속살을 보고 살내음을 맡으며
모든 것을 맡기며
따뜻한 품에 안겨
폭 익어가는 사랑을 나누고 싶다

떠나서 오지 않을 시간들
다시는 아쉽지 않도록
시간의 흐름도 잊어버리고
뜨거운 입김 거친 숨소리로
온몸을 깡그리 불 질러
무지하게 행복하고 싶다

2월

봄이 고개를
쏙 내밀기에는
아직은 춥다

겨울이 등을 돌리고
확 돌아서기에는
아직은 미련이 남아 있다

뼈만 남은 나무들이
봄을 기다리고 있다

연초록과 꽃들의 행진을 눈앞에 그리며
기다림과 설렘으로
가득한 계절이다

땅속에
햇살이 따사로운 봄을 기다리는
새싹 눈빛이 가득하다

내가 어떻게 해야 웃을 것인가

내가 어떻게 해야 웃을 것인가
너무너무 행복해하며
빙그레 웃는 얼굴 보고 싶다

눈짓과 잔잔한 웃음이
머문 순간들이 그립다

정다운 속삭임으로 즐거워
내 가슴이 폭삭 타더라도
보듬어 안고 싶다

너의 감흥에 도취하여
웃고 있으면
내 마음을 줄줄이 걸어놓고 싶다

잘 가라 내 사랑

잊고 싶다
잊히고 싶다

너의 마음의 문틈에 끼워놓은
사랑의 말 아직 듣지 못했나

까무러칠 듯 괴로워
아무도 몰래 할딱이듯
떨어져 웅어리진 한
낱낱이 기억하고 있다

깊숙이 감춰놓았던
사랑의 말 토해놓고 싶어
온몸이 찢어질 듯
사랑의 새순이 돋는다

너를 사랑하는 마음이
도톰하게 솟아오르는

화창한 봄날
후다닥 달려가고 싶다

가슴 벅찬 사랑에
어깨 한 번 으쓱 올리고 싶다

잘 가라 내 사랑

이별

이별의 신호를 느낀다

멀어져 가는
시련의 그림자마저
아픔에 절룩거렸다

떠나는 고통 탓에
눈에서 피눈물이 나왔다

떠돌다가 다시 돌아올 텐데
서둘러 떠나려는
이유는 무엇일까

기다리는 마음이
무너져 내려도
목을 한 뼘 늘여서라도
보고 싶다

떠나던 날의 뒷모습이
생각날 때마다
기억날 때마다 쓸쓸하다

만날 수도
떠날 수도 없기에
외로움에 색깔이
더 검게 고통으로 덮인다

잊고 싶은 것들

잊고 싶은 것들은 잊어야 한다
스스로 풀어낼 수 없는 날들
슬픔마저 씹어버리면
속 시원하게 털어버릴 수 있을까
남아 있던 미련마저 걷어 갈까 두렵다

저만큼 달아날 때마다
보고픔에 괴로워지면
눈 한 번 감고 얼굴 한 번 그려보았다

숨소리가 들리는데
목덜미가 뜨거워지는데
언제쯤 반갑게 맞아줄까

부풀 대로 부풀었던 것들이
폭삭 사그라들고
갈수록 끝이 없어
가슴 뜯는 소리가 들린다

잊어야 할 것을 알면서도
속삭여온 사랑의 말 탓에
미련이 남아 있는데
얕은 정마저 몽땅 까먹은 것은 아닐까

너를 잊을 수가 없다

목구멍까지 올라온
사랑 고백 한번 해보고 싶어
쉽사리 잊을 수가 없다

외로운 만큼 커져버린
그리움마저 털리고 나면
내 가슴의 외로움을
어찌 달래야 하는가

아등바등 살아온 세월
서로 예쁜 짓 하며
사랑하며 살아야지
까칠한 눈빛만 기억되고
마음이 무덤덤해지는 걸 보면
혼란스럽다

갈가리 찢어지고 만
꿈꾸던 사랑을 어찌해야 하는가

한탄한들 무엇하며
통곡한들 무슨 소용이 있는가
마음이 고통스러워
너를 잊을 수가 없다

모든 것을 주어도 좋다

흘러가는 세월 속에
마음 한 자락 잘 풀어놓으면
뼈끝이 아리던 고통도 사라진다

주위를 맴돌던 바람이 불어오면
한동안 심했던 갈등도 사라지고
아픔도 떠나가 버린다

흩어져 가는 날들 속에서도
그리움은 남는다
좀 더 머무르고 싶은 순간들도
떠나고야 만다

잊을 수 없는 그 눈빛 탓에
지울 만큼의 미움은 없다
걱정을 놓으면 눈물도 사라진다

지겨운 삶의 찌꺼기를 던져버리고

억울한 눈물 흘리지 않고

두 주먹 불끈 쥐고 힘차게 살겠다

그대를 생각하면

그대를 생각하면
눈물이 울컥 난다

어설픈 장난기
삐죽거리는 얼굴도 보기 좋았다

눈빛을 서로 맞추면
웃음이 절로 나왔다

갑자기 일어서듯 떠나려 하면
겁에 질려
온통 뒤숭숭해진다

냉정하고 각박함에
심장이 저려오고
눈에는 핏발이 선다

늘 말도 못하고

더듬거리게 되지만
고백을 하지 못해
새파랗게 질려버린 절규를 토해내고 싶다

잊히는 시간이 오기 전에
부대끼며 살더라도
아쉬움을 남기지 말고
눈물 접고 웃으며 살아야 한다

너를 보내지 못한다

어둠에 갇혀 쓸쓸해지는 시간
끝없이 생각이 꼬리를 물어뜯어
마구 흔들어놓으면
마음의 방향 전환이 쉽지 않다

타오르는 갈증의 몸부림 속에서도
늘 텅텅 비어버린 듯
질펀한 고독이 깊이 젖어든다

언제까지나 끝나지 않을
무작정 기다리는 기다림은
기다림이 아니라 절망이다

그립고 또 그리워
갈가리 찢기는 참담한 외로움에
진저리 치도록 고독한 것은 마찬가지다

뼛골을 스미는 슬픔이라

늘 허기져 너를 보내지 못해
눈물 꿀꺽 삼켜버렸다

너를 볼 수 없다면

너를 볼 수 없다면
슬픔이 고개를 들어 울컥해져
초라해 보이는 등을 돌리고 싶다

마음이 조각나 담을 수 없도록
하나도 남김없이 무너져 내려도
살금살금 그리움이 파고든다

마음에 빈칸을 만들면
다시 찾아올까
그림자도 없이 찾아올 때는
안을 수 없어 더 슬프다

외로워서 지친 그리움
무참히 짓밟아버리면
치솟는 격정을 참을 수 없어
참 불쌍하다

보고픈 마음을
몽땅 헐어버리고 싶어도
헐어버릴 수 없다

떨칠 수 없어
찾던 마음마저 사라져버리면
쉽게 일어나지 못하게 하는 절망이다

내 마음에 외롭게 열어놓은
길 하나 따라가면
그대에게로 갈 수 있다

순천만에서

드넓은 갯벌에
셀 수 없는 갈대들이
외로움을 서로 동감하며
더 외롭게 비비며 떨고 있다

바람이 불어도
온몸을 다 던져 받아들이며
언제나 그 자리를
꿋꿋하게 지키고 서 있다

태양이 숨이 꼴깍 넘어가듯
져버리는 황혼의 시간
뜨거운 불덩어리 가슴으로만 안을 수 없어
그리움이 왈칵 밀려온다

누군가를 그리워한다면
갈대처럼 기다리고 서 있어볼까
내 사랑이 찾아올 때까지

순천만 갈대숲에서
감성을 마구 흔들어주는
가을 풍경과 낭만에 한껏 취했다

바닷가 호텔에서

바닷가 멀리 호텔에서
바라본 바다는
네모난 유리창에 갇혀 있다

액자 속의 사진처럼
파도 소리도 들리지 않고
갈매기 날아가는 모습도 보이지 않는다

가을 거리에서는
노랗게 채색된 은행잎들이
가을을 노래하는데
호텔에 홀로 투숙해 있는 것은
지독한 고독이다

액자 속에 들어간 듯
아무런 감정도 표현하지 못하고
며칠간을 보내고 있다
홀로는 사랑을 만들지 못한다

외로움을 알고 있는가

외로움을 알고 있는가
더러는 잊고 살아야 하는 것을
잊지 못하고 사는 것도
고칠 수 없는 고질병이다

기다려도 돌아오지 않을 때
허기에 지친
기다림으로 고통만 남는다

홀로 남아 있을 때는
늘 한구석이 어지럽고
혼란스럽다

떠나가도 남아 있는 것들이
고통의 두께를 두껍게 만들어
까맣게 뭉개놓는다

Episode 3
기억

가장 오랫동안 남을 수 있는 것은

가장 오랫동안
남을 수 있는 것은
아주 평범한 것들이다

잘 드러나지 않고
잘난 척 뽐내지 않고
화려하지도 않은 것이다

쉽게 뽑히고
쉽게 밟혀도

세월에 때 묻지 않고
억척스럽게 살아남는
들풀과 같은 것이다

어디로 가야 하나

흘러간 세월 탓인지
듬성듬성 아른거린다

만났던 길도
늘 아른거리던 얼굴도
사라졌다
어디로 가야 하나

간간이 누벼 돌던
소식조차 끊어져
통 만날 수 없다

매정한 무소식에 고이는
어둠이 피할 수 없는 운명이라
떨구지 못했다

눈 딱 감고
잊어버리자 마음을 먹고도

빼꼼히 얼굴 한 번
내밀어보고 싶다

얼마만큼 무너져야 하는가

얼마만큼 무너져야 하는가

남몰래 피어온 사랑이라
발길을 돌리고 싶고
자꾸만 내달리고 싶어
엇갈리는 두 마음이 요동친다

가슴을 풀어헤치고
익어가는 석류처럼
만지작거리고
끌어당기던 바람이었기에
짙은 어둠이 깔렸다

순순히 받아들여야 할 슬픔이기에
이별을 걸어둔 아픔의 가시를
치유할 수가 없어
끝내 아무 말도 하지 않았다

어둠 속에서
붉은 신호등이 켜지기 전에
마음 한번 홀딱 까버리고 싶다

차가운 손

비정하고 차디찬 눈매에
슬픔이 흘러내렸다
끝내 알 수가 없어
상처 난 마음이 찢어져 내렸다

꿰맨 매듭이
곪아서 터져버려도
닫힌 마음 두드려도 열리지 않았다

갈망의 몸짓으로
남루해진 고독이 병이 되어
온몸을 앓아
불어오는 바람마저 외로웠다

시련을 이기는 법을 몰라
살아가는 날들을
얼룩지고 비참한 날로 만들었다

깊게 잠들었던
사랑의 기억이 깨어나면
차가운 손을 잡아주고 싶다

홀로 서야 하는 외로움

목숨조차 한 줄기
강물이 되어 흘러가면
다시는 돌아오지 않는다

알고 보면 모두 떠나가야 할
외로운 사람들
고독한 사람들
쓸쓸한 사람들이다

마음의 심지 갈아놓고
미지근하게 당기지 말고
화끈하게 당겨라

세월이 흘러가며
할퀴어놓은
늙은 모습이 처량해지기 전에
열정으로 벌겋게 버무려놓은
마음으로 살고 싶다

북적거리는 세상에서
억울하게 흘러만 가는 세월 속에
홀로 서야 하는
외로움이 징그럽게 싫다

상처

확실하지 않을 때
분명하지 않을 때
마음이 상처를 입는다

믿었던 것들이 한순간에
와르르 무너지고 부서질 때
찢어진 마음이 상처를 입는다

인정사정없이 잘라놓은
상처의 조각에서
보이지 않는 피가 흐른다

어찌 마음 한 번 다치지 않고 살 수 있을까
어찌 상처 하나 받지 않고 살 수 있을까

햇살이 있어도 그늘진 곳에
이탈된 마음이 불편해지면
오래된 상처가 곪아 터지고 만다

그림자 속에 늘 숨어 있고 잠복해 있던 것들이
한꺼번에 쏟아져 내릴 때
고통을 만든다

누군가 기다리고 있을까

누군가 기다리고 있을까

찾아도 찾을 수 없어
곡절을 아는지 모르는지
사연을 더듬어가며
하염없이 눈물만 흘린다

정들었던 마음마저
파헤쳐 놓으면
떠나간 길은 보이지 않는다

엎치락뒤치락 생각해봐도
천 길 아슬아슬한 위험을 무릅쓰고
삶의 샛길에서 만나서인지
눈물이 마르지 않는다

사랑의 순간들이 쌓여
추억이 되면 얼마나 아름다운가

누군가 나를 기다리고 있다면
한목숨 꼴깍 넘어가도록 사랑하고 싶다

타인의 몫

타인의 몫을
내 몫으로 알고 살았다

슬픔이 다닥다닥 붙었는데
털어낼 수가 없어
생피가 끓어올랐다

짓이겨도 변변히 일어나지 못하고
곤죽이 되어버린
피멍울을 녹여주어야
긴 한숨도 원망도 접어둘 수 있다

쓸데없이 군더더기 늘어놓아도
아무 소용 없이
눈물만 쏟아진다

머리끝에서 절망이 터져버려
모든 걸 왈칵 뒤집어놓은 것 같았지만

손바닥에 굳은살이 지도록
안아보고 싶었다

외로울 거야

외로울 거야
피가 말갛게 흐르는 시간을
어떻게 홀로 보낼까

가슴에 구멍이 숭숭 뚫려
바람이 세차게 불어올 텐데
외로울 거야

떠날 만큼 떠나고
돌아설 만큼 돌아서서
그리운 마음 꾸욱 눌러놓았어도
외로울 거야

날마다 차곡차곡 쌓이는 그리움
등 따습게 기대고 살려면
마음의 물꼬는 트고 살아야지
싸늘하게 냉기를 불어넣으면
어떻게 감당하며 사나

점점이 떠도는 그리움에
사랑한다는 말
그립다는 말
보고 싶다는 말이 맴도는데
숨이 꼴깍 넘어가도록 외로울 거야

모든 것이 꿈인 듯

외로움조차 밀쳐버리고
잊고 싶어도
잊지 못한다

접어두었던 것들 펼쳐놓고
아무런 미련 없이
돌아서기가 너무나 애처롭다

삶의 마디마디에
맺힌 정 끊을 수 없고
얽힌 정 풀 수 없다

뒤돌아보고 되새겨 돌아보면
모든 것이 꿈인 듯
한순간이다

감정이 잦아드는 날이 올 때까지
묵묵히 믿었기에 아픔이 커

흘리지 못한 눈물에 젖는다

늘 끝장에 애틋하게 사랑하고 싶다

삶의 여유

슬플 것도 기쁠 것도 없이
만날 맨송맨송하게 사는 것이
무슨 사는 맛이냐

기대가 웃자라 무료함 속에
살맛이 나질 않고
바닥을 모른 채 떨어지기 시작하면
할 말조차 잃어버린다

잡을 것도 없고
잡을 수도 없는 삶이지만
사는 동안 살맛이 나야 한다

마른 몸짓마저 묶어놓으면
못되고 질긴 미움만 남아
모든 것과 이별을 해야 한다

부대끼는 틈새 속에서

바득바득하며 살아도
잠깐씩 여유를 갖고
달갑게 웃어주면 얼마나 좋을까

열매도 나무의 굵은 가지에서
열리지 않고 잔가지에서 열리듯
잔잔히 재미를 느끼며 살아야 한다

미움의 못

그대 마음 엿본 것이
잘못인가

허방을 잘못 딛은
허무함을 혼자 쓸어안고 넘어가는
그리움에 온몸이 일그러졌다

결국에 남는 것은
슬픔뿐인가
눈물이 그렁그렁 맺힌다

꾀죄죄하게 꽁꽁 동여맨
마음이 언제나 풀릴까
하얗게 질린 표정으로
자지러지고 만다

촘촘히 박혀 있는 미움의 못들을
어떻게 뺄까

나를 잃어버릴 때

난전에서 할 일 없이 빈둥대고
흐느적대던 비렁뱅이처럼
눈앞이 까맣고 아찔해
정신줄 놓쳐버렸다

심장에 고이고 넘치는
서러운 청상과부 푸념 같은 이야기를
속내 드러내듯 털어내지 못하는 것도
이유가 조곤조곤 다 있다

발길을 다잡을 수 없어
허둥지둥 쫓기듯 살다 보면
허상을 잡은 듯 허탈만 남는다

나무 허리가 통째로 잘리는 듯
아픔이 숨통을 콱 조여와도
그까짓 것들 싹 잊어버리자
나도 나를 잃어버릴 때가 있다

행복한 삶

아픔이 찾아와
문을 두드리고 걸터앉아 있어도
실망하고 낙심하기보다는
행복을 찾아 누리자

날마다 부족함을 탓하기보다는
어려움과 곤경에 빠져 있는 이들을
보살피고 봉사하자

순수함 속에서
진정한 삶의 의미를 깨닫고
말 한마디 작은 행동 속에서부터
행복을 만들자

어두운 면만을 찾아내어
괴로움에 빠지기보다는
밝은 면을 바라보며 희망을 갖자

빛나게 하고
따뜻하게 만들어주는 기쁨을
마음껏 누리며 살자

Episode 4

회상

구름이 참 고맙다

무더운 여름날 갑자기
하늘도 서러웠는지
먹구름이 들이닥쳐
한바탕 비를 쏟아붓는다

찌는 듯한 더위를 얼마나
식혀주고 싶었으면 달려왔을까

속 타던 마음을 씻겨주듯
시원하게 내리는
빗줄기를 바라본다

정겨운 친구라도 찾아온 듯
반가운 마음이 들어
구름이 참 고맙다

빛 가운데로 걸어가자

실망한 사람들과
절망에 빠진 사람들과
몸이 아픈 사람들도
깊은 밤이면 편안히 잠들고 싶다

칠흑 같은 어둠 속에서도
죄악을 만들고
사람들을 괴롭히며
즐거워하는 사람들이 있다

부추김을 당하더라도
악으로 더러워지지 말자
쓸데없는 분노와 비난이
속속들이 배어들지 않도록
새롭게 교훈을 터득하며 살자

늘 전전긍긍하며 실망 속에 머물기보다는
온갖 소란에서 벗어나

초록의 기운을 받아들이며 힘차게 살자
어둠에 빠져 길을 잃지 말고
빛 가운데로 걸어가자

희망이라는 불씨

아무리 바쁜 일상이라고 해도
지나온 고통을 까맣게 잊고
살지는 말아야 한다

잡생각이 가득해
갈등에 빠져 있더라도
괜한 흥분에 열 올라
미워하고 욕하고 시기하고
질투하기보다는 이겨내야 한다

얼마나 많은 사람이
가슴 아파하며 살아가고 있는데
혼자만의 행복을 추구하고 산다면
얼마나 어리석은 일인가
자신의 내면 속으로 들어가면
착하고 순수한 마음을 만날 수 있다

순간에 닥치는 고통이 두렵더라도

초조함 속에 불안해하며
떨고만 있을 이유는 없다

우리 가슴에는
어떤 절망도 이겨낼 수 있는
희망이라는 불씨가 남아 있다

알 수 없는 혼돈

절망 속에 갇혀 있을 때
생명의 빛을 가져다주었기에
악몽 같았던 시간들이 만들어놓은
고통도 상처도 다 치유될 수 있었다

아주 짧게 웃어주어도
나날이 잘 풀리고 행복했기에
달콤한 사랑이 절묘하게 맞닥뜨렸다

참 모를 일이다
관심과 배려를 아끼지 않았는데
하루아침에 잘못된 것만을 곱씹고
자리를 털고 뒤돌아선다는 것은
알 수 없는 혼돈에 빠지게 한다

대화가 끊기고 어색함이 묻어나고
다정했던 얼굴이 섬뜩하게 변했을 때
화들짝 놀라 농락당한 듯 구역질이 나고

송곳으로 심장이 찔린 듯한
증오심에 목덜미 힘줄이 생겼다

골목길

번듯한 고층 아파트 숲보다
골목길이 복잡할수록
삶의 애환의 강이
골이 깊게 흐른다

길이 복잡하고
계단이 가파를수록
가난의 농도는 짙고
아픔의 그림자는 더 어둡다

골목길에는
수많은 소리가
이곳저곳에서 툭툭 튀어나온다

장사꾼의 호객 소리,
술주정뱅이의 취한 목소리,
늙은 과부의 숨넘어갈 듯한 소리,
온갖 소리가 들린다

골목길에는
늘 사람 사는 소리가 들린다

슬프면 슬픈 대로
애끓는 울음소리가 들리고
기쁘면 기쁜 대로
온 세상이 떠나갈 듯한 웃음소리가 들린다

골목길은 갇혀 있는 듯 보여도
있는 그대로, 볼 수 있는 그대로
살아 있는 숨소리
살아 있는 목소리가 들린다

세월

젊음도 흘러가고
황혼도 떠나가고
운명조차 사라지고 만다

살아온 편력이 모두 죄가 되어
짓눌렸던 그림자가 짙게 드리웠다

울며불며 괴로워했던
모든 것을
부질없게 만들어버렸다

마주치고 어긋나며
깊은 인상을 남겼던 순간들이
새삼스레 떠오르는데
접어두었던 것들을 펼쳐놓으면
다시 찾아올까

행복했던 순간조차

섭섭하게 떠나버리고 말아

쏟아져 내리는 것은 눈물뿐이다

망각

체온에
그리움을 담고 싶었지만
한쪽으로 치우쳐
돌아볼 틈도 없었다

까다롭게 불만만
분산시켜놓으면
터져 나올 것이 무엇인가

도둑질당해
모든 것 버리고 쫓을까
생각을 수없이 해보았지만

서먹한 사이가 되어
부담스러운
짐처럼 내려놓고
잃어버리기로 했다

인기

살아 움직이는 시선들이
감동하며 바라보고
환호하고 박수 치고 웃어줄 때
세상을 살아가는 것이
구름 위에 떠 있는 일인 듯이
더 이상의 행복이 없을 것 같아도
하룻밤 사이에 물거품처럼
언제 그랬냐는 듯이 사라지고 말면
너무나 허전하고 적적하고 비참하다

절망

초주검이 되도록 힘겨워
비명을 지르고 싶다

서로 삐걱거리다가
피곤에 지치고
갈등에 허덕거리다
생기마저 잃어버렸다

기가 막혀
마주치기가 싫었다
힘을 잃어버려
어리둥절해 헷갈리고 말았다

안달복달 법석대고 난리를 쳐보아도
쉴 틈도 없이 달라붙는 걱정거리 탓에
곪아터진 상처는
지울 수 없고 피할 수 없도록
치료되지 않았다

잘못된 선택

끝없는 질문과
끝없는 대답 속에
수많은 문이 있다

숨기고 속이고
들어갈 문과
들어가지 못할 문이 분명하다

궁지에 몰려 혼미한 상태로
허둥지둥하던 순간의 결정과
고정된 사고의 틀에 사로잡혀
극도의 불행을 자초해버렸다

발뺌과 거짓 속에
진실조차 떠나버리면
줄을 가위로 잘라놓은 듯
영영 다시 돌아올 수 없다

외면

미숙하고 나약해
끊임없이 설득해보려고 했지만
저항만 더욱 거셌다

괜한 집착과 타성에 젖어
미리 넘겨짚은 바람에
상처를 깊이 입어
아무리 얼버무리려 해도 소용이 없다

줏대 없이 갈팡질팡하다가
미처 깨닫기도 전에
예기치 못한 상황에 빠져
시도할 엄두도 내지 못했다

교묘한 술수도 못 부리면서
쓸데없는 변명거리를 찾아보았지만
아무런 소용도 없다

이목구비가 뚜렷한
야무진 입매에서 나오는 목소리로
따뜻하게 배려해주었다면
싸늘하게 돌아서지 않았다

거짓

욕망이란 산을 오르내리며
어찌할 수 없는 몸짓으로
뜨거워지는 것은
진실이 아니다

날카로운 눈초리로 사방을 살피고
달콤하게 속삭이며
반길지라도 거짓일 뿐이다

죽을 때까지 변치 않고
언제나 잊지 못한다고
수없이 고백하여도
눈속임 속에 터져 나오는 가식이다

유혹이 많은 세상에서도
제자리를 지킬 줄 아는
순수한 아름다움이 순결하다

변명과 핑계를 수없이 늘어놓고
순간순간 변하며
진실을 잃은 욕망은 거짓이다